PÁLIDA INESTABILIDAD
DE NUESTRO TIEMPO

PÁLIDA INESTABILIDAD DE NUESTRO TIEMPO

Carlos Emilio Zavala

Valparaíso
EDICIONES

Número 427 de la Colección VALPARAÍSO DE POESÍA
dirigida por FEDERICO DÍAZ-GRANADOS

Diseño de colección: Chari Nogales
Maquetación: Paola Hormechea Cuéllar
Imagen de portada: Álex Borderline

Primera edición: Mayo de 2024

© De los poemas: Carlos Emilio Zavala
© Valparaíso Ediciones
C/ Fray Leopoldo, 7 Bajo 18014 Granada
www.valparaisoediciones.es
ISBN: 978-84-10073-55-5
Depósito Legal: GR 756-2024

Impreso en España - *Printed in Spain*
Gráficas Gami

PÁLIDA INESTABILIDAD
DE NUESTRO TIEMPO

Para Celsa, Javier Alejandro y Alejandro Paniagua.
Para las personas que se convierten en poemas.

LA MUERTE DE TESTIGO

Esta casa vio morir su calle,
esta calle será nuestra muerte,
esta muerte nos ha visto
quemar palmas de domingo
para ahuyentar a las nubes,
vaciar la melatonina del frasco
para soñar que estamos vivos,
escuchar los gritos vecinales
en una noche de ambulancias.

Nos vio abrazar el color de una tarde,
llorar lo que nunca vivimos,
pintarme con la ausencia
las uñas de hombre inquieto,
sangrar en las orejas
el rojo detonante.

Quiero recordar de pronto
esos días de cortinas recogidas
cuando todavía volaban mariposas
y el cielo de los aviones no era tan grotesco.

Quiero buscarte en primavera,
buscar tus brazos fríos y morenos,
encontrarme con tus pies hinchados
y espantarte a la huesuda.

Tu alma está en el viento de las grietas
que nos han visto reírnos del mañana
para burlarnos de las horas,
ese mal de engranes y segundos
que nos ata siempre de las piernas.

Corre conmigo ahora que podemos
como si estuviera en llamas el mercado
como si fuéramos ágiles y sanos,
tal vez así logremos olvidar este *vis a vis*
de la calle, de la casa y de nosotros
con la muerte de testigo.

ESCOMBRO

Somos el escombro de ayer,
la realidad polvorienta,
el ruido, el derrumbe,
la carne sangrada,
el oportunismo de unos cuantos.

Hay en el caer
cierta inercia de levante,
marcas de llanto en el concreto
de los que vieron morir
un momento de su vida.
¡Te encontraremos!
grita una madre quebrantada,
el escombro es monstruoso
y no le deja espacio a la certeza.

Veo una ciudad unida en la desgracia
que en el olvido hallará sus diferencias
para volver, una vez más,
a construir el mortal escombro
del mañana.

GOTA DE CIUDAD

Cae una gota de ciudad en mi mejilla,
no sé si Dios la escupió
o simplemente llueven edificios,
nombres de calles sin farolas,
lugares inhabitados por el tiempo.

Cae la gota de ciudad,
me duele la mejilla, sangro
como si la gota fuera granizo afilado.
Me duelen las estaciones,
los parques donde no cogen las parejas,
los hoteles sin cupo.

Trato de limpiarme la mejilla,
lamo el sabor de la sutura,
me sabe a grietas colonizadas por hormigas,
estatuas de héroes irreales,
patria de sangre y notas rojas.

LAS SOMBRAS QUE HABITAMOS

Tus labios son lo único rojo de esta casa,
de estos muros amarillos,
de esta desnudez manchada
por las sombras que habitamos.

Mis dedos sienten tu frío
y la humedad que se esconde a ras de suelo.
Tu piel morena me abandona en las caricias
de mi pulgar a tu mejilla.
Tus pestañas de macho
que enchinaba cada noche
apenas cubren la triste ausencia de tus ojos.

El jardín se ha tragado los cuchillos,
tu bilé recibe la primera gota derramada.
¡El cielo está orinándonos los rostros!
Y yo, fiel a mi costumbre,
te recito a Huerta
con mis muslos sucios y desechos.

Si todo fuera como siempre,
esperaríamos a que los gusanos
hagan suyas nuestras sienes,
me reclamarías los textos de Efraín
y terminaríamos inmóviles, en el sitio
donde también me he hartado de nosotros.

Descansa bajo esta ciudad, amor,
bajo este país duro
que construimos con angustia colorida,
siempre deseando la belleza:
Hoy tu cabeza es lo único de ti
que no he enterrado bajo tierra.

LLUEVEN METROS

Hay tormenta,
caen con gente en sus entrañas.
Caen y explotan,
sacan chispas, tristes chispas,
más de muerte que de vida.
Llueve, hay charcos de concreto,
tristes cables,
políticos hablándonos del tema.
Llueven metros, no hay paraguas
ni esperanza ni culpables…
solo muertos,
solo temporada de vagones,
solo ciudad que se quiebra a pedazos.

HABLAR DE TI

Para hablar de ti
hay que nombrar a las mañanas contaminadas,
a los labios con cubrebocas,
a las gargantas dolientes,
a los sospechosos.

Para hablar de ti
hay que mencionar a la politiquería,
a las farmacéuticas,
a lo negativo de ser positivo,
a la indiferencia.

Para hablar de ti
es necesario escribir de la misoginia,
de los asesinos,
de los enfermos...
porque todo esto vive,
mientras tú ya estás muerta.

TE BUSCAN

Te buscan, esperanza...
aunque tú ya te has ido.
Desesperan,
abren cortinas como libros,
las hojean,
buscan un rastro de palabra y las queman.

Te buscan,
pero ya has de estar lejos,
algunos dicen que eres lo último que pierden,
sin embargo, no te ves en su mirada.

Deberías venir, esperanza...
a ver el incendio de gargantas,
a sentir el dolor de los enfermeros,
a calmar los ladridos huecos
de la vida que dejaste.

Te buscan, esperanza...
pasa el tiempo y no regresas
a sanar las soledades,
a calmar las almas en ayuno,
a despoblar los hospitales.

Te buscan, esperanza...
y deberías regresar
a reclamar lo que escribo.

RETRATO DE UNA CALLE

La prensa muestra una foto
de dos muertos en el suelo,
con la cabeza hacia los muros
y un cristal roto en la banqueta.
Colgados e inmóviles,
con el color seco de la sangre
y dos vivos tomando nota del asunto,
los cuerpos sucios tienen agujeros.
No se escapan de la toma
una coladera con basura,
la bandera de México
en la cortina de un negocio,
los casquillos sin brillo
y cinco palabras rojas en el muro:

"Vote este dos de junio".

POSE DE TINACOS

El cielo es una pose de tinacos,
casi una obra divina
en esta tierra de sequía.
Negro escasez y promesa,
oscura levedad de las ausencias.
Más alto que las torres de concreto
solo hay bestias circulares,
más abajo solo el tráfico y la muerte,
solo estos ojos desvelados que adivinan
los Rotoplas más secos que las bocas.

LLUEVEN BESOS

La ciudad es una fiesta,
la tormenta no ha parado desde ayer.
El ruido es inigualable,
la anarquía lo celebra,
el diluvio no tiene pinta de parar.

La ciudad es una fiesta,
llueven besos en exceso,
rojos,
      grandes,
            enfermos...
salpican las ventanas,
las ensucian de rojo,
pero yo, en mi encierro,
no me puedo mojar.

EL ORGANILLERO

Has tenido que venir a buscarme,
con tus pies cansados
y tus ojos kilométricos,
con tu codo tieso
y la tradición a tus espaldas.

"No,
si lo primero es comer"
me dices,
y la tarde seca tus palabras.

Sigue llevando música,
encuentra el canto de las calles desoladas,
el curso de estos años rojos,
del dinero en un mundo destruido.

Camina los mercados,
no pares,
ven a buscarme,
grita:
        ¡el organillero!
para que los lunes recuerden que están vivos.

EL DÍA QUE VOLVIERON LAS HORMIGAS

Los números eran gente muerta,
todavía quedaban pocas risas en la mesa
y colillas de cigarros en el patio.
Todo se caía, era inevitable,
los gatos hacían suyas las ventanas,
el porvenir empezaba a darme vueltas,
el silencio no se acordaba de nosotros.

Ni canciones ni juegos ni amigos,
nada estaba más vivo que la muerte,
que las hojas secas rodando por el patio
y las lluvias que inundaban nuestra casa.

Nunca nos dimos cuenta,
se habían ido el calor de los abrazos,
los gritos que simbolizaban el festejo,
las utopías que construimos con las manos.

Volvieron, algo se iba,
pero volvieron a devorarnos la memoria,
a encargarse de presentarnos nuestras fobias,
a burlarse de lo imperfecto de los muros,
(grietas en la piel como en la casa,
cada vez más grandes y dañinas)
algo más que un sismo que movía la razón.

El día que volvieron,
nuestros ojos eran más ciegos y pesados,
la vida se derrumbaba, la mirada era todo,

como todo era los que pisaban nuestros pies:
el agua sucia de las coladeras,
la política exprimiéndonos las lenguas,
(como jergas con jugo de palabras,
como fiesta líquida en ayuno)
las hormigas más inquietas que los sueños.

Ese día quedamos inmóviles,
petrificados por los años rojos
que contaminaban de ruido la ciudad,
por la exaltación de la sangre en nuestra ropa,
por los cigarros que no curaban nada,
por el tiempo que vomitaban los relojes.
Algo se fue para no volver...
el día que volvieron las hormigas.

JÓVENES CUERPOS TÍMIDOS

En fiestas prohibidas,
con cubrebocas en los labios,
con duda de vivir en el futuro.

Jóvenes tímidos,
con cuerpos y disfraces,
en fotos de mentira.

En gimnasios, en bibliotecas,
con mala salud de hierro,
creyéndose inmortales.

En las aulas de los violadores,
en circos de campaña...

Jóvenes cuerpos tímidos:
poemas de amor
en años de muerte,
versos de alegría
en tiempos de tristeza.

CON LOS OJOS

Frente a frente,
al otro lado de las vías,
me preguntas con los ojos
por qué hay uniformados,
por qué la gente huye
por qué la prisa.

Te interrumpe una lluvia de vagones.

Frente a frente,
de este lado de las vías,
Te pregunto con los ojos
si llegarás a tu destino,
si nos volveremos a ver
o si te habrás ido para siempre.

DESDE LAS AZOTEAS

Aquí estoy, en la azotea,
en otra ciudad
de cúpulas y cruces
que opacan tendederos sin color,
de perros hambrientos
ya sin energía en sus ladridos,
que olfatean el rastro de algún gato.

Los temblores se sienten más fuertes
viendo de lejos tambalear
la firme erección de las empresas.
Aquí los ruidos no difaman,
las voces eligen su camino
entre el cielo y el infierno,
apenas llegan noticias o contagios,
la muerte de la acera,
el lujo del cielo despejado.

Aquí pasan los años
como pasan las nubes,
con el fuego del arrebol
y el ritmo de la tormenta.
Aquí se huye de los años rojos,
de la oscuridad del luto
y la pureza de los indiferentes.

Las tardes son líquido
en la lengua de un sediento,
un paisaje vertical
de metros y campanas.

EL ZAGUÁN

Nada sabe el zaguán ocre,
no admite ser la frontera de la vida
ni la brecha que incendia la razón.
Qué va a saber del frío,
de los privilegios,
de la vista a la calle,
del tacto oportuno de las manos,
de las soledades,
de la vejez.
Poco sabe el viejo zaguán del aire enfermo,
de la tos asesina,
del sabor que le resta
                    a las semanas.
Qué sabe él de la envidia,
de la riqueza y la pobreza,
de la politiquería.
¡No sabes nada, zaguán!
Reclamas tu lugar en la casa
y la calle te desecha...
si no te abres,
si no te cierras:
                    estamos muertos.

NUEVAS FORMAS

Hay tanta erección en el ambiente,
edificios que compiten la carrera de la altura,
del cristal y del acero,
de la construcción y el abandono,
que el vértigo horizontal aumenta
en los pies de los sin alas,
en las pupilas de los neutrales.

Ni las campanas ni los panteones,
ni el cielo azul ni la estación subterránea,
nada nos salva del mareo,
de la virilidad arquitectónica.

¿Dónde están las nuevas formas?
Soñé con una ciudad sin género,
con senos de poder,
con úteros donde nacen
los juglares del asfalto.

Soñé con fuentes de hojas verdes,
con la escasez de helipuertos en Reforma,
con calles iluminadas por el sol
y libertad citadina en las aceras.

Soñé con estatuas de colores,
con ángulos eróticos,
con una tierra de sueños cosechados
donde no se escondan homicidios.

AHORA QUE SOBRAN ENTIERROS

Ahora que sobran entierros
no es tan fácil mirarnos a los ojos
ni matar a carcajadas los domingos.
Es complicado mirar muertes como cifras,
buscar culpables en el bote de basura,
bailar con el ritmo que imponen los vecinos.

Ahora que sobran entierros
la incertidumbre le escupe tierra al mañana,
no hay cementerios suficientes,
el hospital es un camino sin retorno.

Imposible no mirar las cicatrices de batalla,
los turnos extra en territorio de la muerte,
las mascarillas que ocultan nuestro miedo,
la esperanza que escapa de nosotros.

MUERTE EN INSURGENTES

Nos veo con los ojos en llanto
en el cristal de alguna torre de Insurgentes,
aquí la muerte no le importa a nadie,
aquí la prisa invade a los peatones.
Los oficinistas olvidan portafolios
en las cafeterías modernas sin poetas,
la bruma se refleja en sus camisas:
manchas informales y olorosas
como autobús a la hora del delirio.

Aquí somos lo que imaginamos,
genios sin luz en las pupilas,
arquitectos de un destino en obra negra,
quejosos de las formas y las modas,
amantes de lo absurdo y lo radiante.

Pero hoy solo está nuestro reflejo,
no podemos seguir blasfemando
a esta calle sin descanso,
a la vida sintética de los muros
invadida por lo falso sustentable
o a esos tristes atardeceres
que no se alcanzan a apreciar
desde los balcones lujosos
con vista hacia el concreto.

Nunca han sido sólidos los sueños
que evitan llegar al privilegio

que dudan entre austeridad
y esa efeba silueta de ambición.

No somos más que un sismo,
esclavos del miedo de existir
en una ciudad repleta de accidentes,
en un caos lleno de rituales
donde la muerte no le importa
ni a los muertos.

EL DICTADOR

Peor sería volverse dictador en la memoria,
exiliar a dos que tres personas del recuerdo,
borrar las huellas de sus pulsos,
desaparecer momentos en la tierra,
tirarlos al río con cemento en los zapatos,
volverse un criminal a favor de lo que venga.

Peor sería olvidar las miradas solidarias,
fusilar el tacto más rebelde,
cortar las manos de los besos
para que no vuelvan a disparar
balas de lamento contra el sueño
ni levanten consignas torpes
que mantengan vivo el espíritu:
la vieja revolución
de la sed y de la sangre.

O peor aún, formar partidos
que malgasten palabras marginadas,
reprimir cualquier tipo de "te extraño"
con macanas rellenas de pastillas,
con chorros de agua afilada, hacer reformas,
ponerles precio a los nombres del pasado,
golpear a las bandas retentivas,
lanzar gases de alzhéimer
a la oposición de nostalgia.

Peor dictar toques de queda
en las esquinas del amor
que, en la vil democracia,
ganaran por venta y compra de casillas
las ganas de olvidar.

ES HORA

Es hora de escribir mirando al cielo,
de quebrarnos con los cables impacientes
y atarnos a la calma de la noche.
Es hora de curar a las estrellas,
de dañarnos con el viento
y poblar las azoteas.
Es hora de mirar arder las nubes,
de hacerle justicia a la mirada
para sacarla del encierro.

AFUERA

Afuera sucede
que la gente se enamora,
que la vida no se muere,
que matan cuantos quieren,
que odian los odiados.

Afuera el sol come asfalto,
las ratas invaden jardineras,
los pájaros vuelven al nido,
la rebeldía viene con un beso.

Afuera las pieles se consumen,
las palabras se disuelven,
la esperanza está en rebaja,
la distancia se cotiza.

Afuera el tiempo nos exilia,
las bocas tienen hambre,
las filas son eternas,
el futuro se deshace.

FRANCISCO SOSA

En la arquitectura colonial de Coyoacán,
en la calle de las hojas caídas
caminar es oír nuevos idiomas.
Cuando miro al hombre que dibuja,
a la mujer que diseña las portadas,
al viene-viene y sus chiflidos,
a las modelos y las cámaras,
a la elegancia del ballet en las ventanas.
Arterias de ciudad desconocida,
huesos de un sistema tan difunto,
besos en los zaguanes de acero,
propiedad y proyectos protegidos.
—¿Dónde es aquí?—
me preguntas.
—Todo menos México—
te responde una mujer uniformada.

ALGÚN DÍA

Hace tiempo
que la luna ve cómo nos matamos,
que las estrellas difieren con ejércitos,
que la oscuridad teje epidemias,
que de las nubes cae desigualdad.

A ras de suelo,
la palabra progreso viaja al espacio y,
aunque la tierra padezca humanidad,
algún día enfermaremos otros mundos.

LA NOCHE

La noche es pesada
y cae en mi columna,
ni las despedidas pesan tanto.
El suelo ha dejado de moverse,
los árboles regresan a su forma,
el concreto tiene nuevas grietas.
Empiezan a sonar los helicópteros,
la gente no se cansa del murmullo
la calle se vuelve a quedar sola.
Da indicaciones un megáfono agotado.
Me tengo que conformar
con las nubes que le estorban
al cielo y sus destellos
o con las grúas de la Torre Mítikah
y la ambición de su esqueleto.

POESÍA

¡Pásele, güera!
Lleve su poemario,
tenga usted un inigualable
y feliz
fin del mundo.

INCERTIDUMBRE

Tres canciones antes de llegar a la estación,
en el metro:
        el acoso.
¿Qué vamos a perder?
Pienso,
con la cotidianidad en mis pupilas.

El periódico anuncia muertes en el extranjero,
muertes en el país,
muertes en el andén.

Todos llevan prisa,
nadie sabe quién vivirá
ni cómo es la tormenta.

DE NADA SIRVE

De nada sirve morirnos
ahora si nadie sabe que vivimos,
que la soledad se posa en las ventanas,
que la muerte está en el aire,
que la música tiembla en sus bigotes.

De poco sirven los poemas
ahora si no hay ojos,
si sus orejas son las únicas que escuchan,
si la vida nos cobra con pulgas y palabras.
Lejos quedaron los días de aventuras,
de alcohol derramándose en el patio,
de tejados con estrellas,
de patas rompiendo ramas y limones,
de colibríes buscando nuestro lado más felino.

Es limitado el tiempo,
no el espacio que habitamos.
Hoy está muerto
el vecino que nos odiaba con esmero.
Solo quedan las promesas,
las películas de domingo,
la fortuna de comer
cuando el hambre acecha nuestras panzas.

La charla es insuficiente
ahora que no estamos dispuestos a quebrarnos,
que las bocas no escupen nuestros nombres,

que Pescado Rabioso nos lame las heridas,
que comparto con ustedes el encierro.

IDIOMA DE ABRIL

Es el idioma del calor que tanto nos tortura,
la lengua que vence
los labios imperfectos:
Futuro,
         pasado,
carne,
         cerveza,
frío…
Recuerdos de gotas en la piel,
de un zancudo rompiendo el sueño,
de una noche desnudos en el fuego.

Hay un abril donde no hay un corazón…
con tu piel morena en las fotografías,
con nuestro idioma en cuarentena
 y nuestro amor en el congelador.

BAJO LA ESCALERA

Bajo la escalera
nos cae el agua sucia en la cabeza,
pero la fila es más importante,
más triste que el aumento en la tarifa.
Nos cae agua y la pisamos,
lo único seco son tus manos en mi espalda,
nuestras bocas cansadas de charlar,
las vías del metro y los suicidios,
el asiento junto a la ventana del camión.
Bajo la escalera,
las señoras se cubren con cartones,
un joven pide dinero con violencia,
dos estudiantes juegan a esquivar las cucarachas.
Bajo la escalera,
los charcos son espejos,
nuestras ideas son solo movimiento,
solo utopía, solo mundos paralelos
fieramente imaginados,
donde el agua sucia
esquiva nuestra mente.

NO ES IGUAL

Ya no pasa el organillero,
las normalidades son una moda,
la de hoy no viene con música
ni con sana distancia.
Tal vez nos acostumbramos al veneno
o tal vez nos casamos con lo que mata.
Se acabó,
      nunca existió,
            estamos muertos:
Todo es lo que era,
      nosotros, no.

LA ESTACIÓN

La estación es testigo de los labios anónimos,
de lo vulgar y lo sagrado,
de la división y el parecido.
La estación ve nacer las madrugadas,
olvida vagones transitorios,
llena de hollín los pulmones que suben,
                                    bajan
y transbordan.
La estación cuenta historias
de trenes que no llegan a un destino,
la del encierro que separa a los amantes
 o la del crujir de los huesos en las ruedas.

—¿Qué pasó?—
pregunta un niño asustado.
—Vamos a llegar tarde—
responde la madre indiferente.

LA BARDA

Yo te he visto, con tu alma de salitre,
alumbrar el camino de las piernas,
escurrir la pintura salpicada,
padecer el movimiento de los huesos.

Yo te he visto, sucia y presa,
querer convertirte en el muro de lamentos,
añorar ideologías,
pasar de largo en las fotos de la historia.

Te has conformado con las manos que te rozan,
con los tatuajes electorales
que empañan tu inocencia
y ese ruido de balas que te asusta.

Seguramente estarás viva cuando yo muera,
con tu verticalidad y tu distancia,
mojada, seca o triste,
sabiéndote simplemente barda,
esperando a que el tiempo te asesine
o a que algún día...
todo cambie de repente.

BELLAS ARTES

Los elevadores saturados
solo nos han dejado una opción:
cuatro plantas hasta la Galería.
—¿Soy yo o los peraltes no son iguales?—
pregunta una voz.
Nuestras manos se buscan.
El olor del cigarro ha conquistado tu cabello.
Las caras y las piernas se alistan
para tratar de reconocerse
en el espejo de vestidos y ritmos.

Por fin llegamos,
asfixiados y juveniles,
compartimos miradas,
dejamos que nuestras palmas se encuentren.
La oscuridad se interrumpe
por las lámparas y las voces.
Alguien se queja.
¡Viva México!
Comienzan los gritos.
Mis zapatos imitan el movimiento,
la mujer de al lado hace falsetes,
el escenario no opaca nuestras luces.

Al final, la bajada es más fácil,
la gente aplaude y se pone de pie.
Afuera, un organillero
entona las mismas canciones...

nadie le da un peso:
ni yo perdido en tu cintura
ni el extranjero
que huye de la noche.

PALABRA DE VIEJO

Me tocó, jóvenes,
ver cómo se les iban los años
por las manos.
Los vi necesitar
el más mínimo afecto,
desatender las calles,
vivir detrás de una pantalla
y quebrarse con incertidumbre.
Los vi amanecer con el futuro encerrado,
con números de variantes que seguían sus pasos,
con la muerte en la ventana del vecino.
Los recuerdo, con la envidia en sus ojos,
renunciaron a lo que soñaron,
abandonaron el estudio a favor del trabajo.
Los vi conocer gente sin conocerla,
bailaban en reuniones prohibidas,
                    subastaron la vida para vivir.

CABALLOS DE CUEMANCO

Los cláxones son un grito encapuchado,
mis ojos tristes posan
sobre los caballos de Cuemanco:
bestias que comen hierba
con lentitud en medio de la prisa,
mientras los colores se exilian
y huyen de las calles,
de las construcciones arbitrarias.
Nuevos suicidios en la radio.
Mi corazón es una obra en abandono
por la ciudad que se quiebra mientras vive:
ciudad de cables sobre cables,
de puentes sobre puentes,
de templos sobre templos.

Imagino elegías para vivos,
caminos a la universidad bajo la lluvia,
corazones sempiternos,
pasión con vencimiento,
planos sin rabia ni diseño,
besos nocturnos
en una estación cerrada por protesta.

MEDICINA

Ha habido un suicidio en Medicina,
escucho las voces sorprendidas.
Ha habido un suicidio en Medicina,
dan ganas de ahogarme en sus palabras
o de verme llorar en un espejo.
Ha habido un suicidio en Medicina,
todo parece tan normal,
las nubes amenazan con su gris,
los edificios son tan altos,
el asfalto es tan duro.

—¡No seremos los siguientes!—
gritan nuestras miradas asustadas,
porque tampoco nos invade la certeza.

LA ESTANCIA

Estás bocarriba en el sofá,
pregunto si puedo poner a los Stones,
te quejas y respondes.
Estás de vuelta en casa,
fuiste a las habitaciones cromáticas,
al monstruoso edificio
donde solo hay dos opciones:
el alta o el entierro.

Estás en el sofá,
escucho música contigo,
miro en el librero tus rosarios,
la tele donde gastamos las estrellas
por el insomnio que heredamos.
Afuera solo el patio y sus hojas,
el limonero que sonríe en las crisis,
el perro que rompe tus cobijas.

Nada puede estar más en el limbo
que los años que se van con estas horas
ni el tajo que tienes en la panza
ni los cuadros que soportan las paredes
ni tus pies que no llegan al suelo
o mis ojos disimulando la tristeza.

Te me quedas viendo,
preguntas para distraer el dolor,
te respondo para esconder mi desconsuelo.

Mañana te volverás a ir,
no verás de nuevo nuestra estancia
donde bailaste y no dormiste,
no gritarás otra vez en estos muros,
ya no rezarás en el rincón.

Se acaban las canciones
y te sobran menos pulsos;
solo nos queda clara una cosa:
Nos morimos por vivir...
Quizá por eso,
después de cada espasmo,
me sonríes.

EL PRINCIPIO DEL PLACER

Me pregunto si también formas parte de su olvido,
si ocupas un buen lugar en el librero,
si estás cerca de sus ojos.

Me pregunto si te libraste del encierro,
si no has perdido tu color,
si has estado entre sus manos.

Debería saber si el caballo de lápiz te dejó,
si tus páginas han sobrevivido,
si tienes nuevas marcas en la piel.

Necesito que me digas si ha cambiado,
si el fuego sigue habitando sus pupilas,
si aparezco en su mirada.

Me pregunto si sabes el futuro,
si adivinas sus recuerdos,
si hay nuevos libros de Pacheco.

Todavía no entiendo la tarde calurosa,
las preguntas que sobraban,
el día que descubriste Coyoacán,
el espeso rojo que habita en tu portada.

Más sano tú que evitas la tristeza,
que no debes imaginar
cómo hoy eres el principio del olvido
y ayer eras el principio del placer.

NO HAY TREGUA

Guardo balas de tinta en mis muñecas,
la sangre cicatriza con el viento,
el cielo está rojo,
los mares se llenan de soldados.

Casi muerto,
con mañanas destrozadas,
entre paredes que resisten los recuerdos.

La furia conquista las pupilas,
la mierda patrocina la batalla,
suenan las alarmas,
no hay exilio ni perdón.

Del otro lado,
el sol se posa en tu mirada,
llenas de silencio las tardes de alaridos,
apenas oyes a la angustia estrellarse contra el suelo.

No hay tregua
ni intenciones de escribirnos las heridas,
vamos a perder:
—La poesía tiene que morir—
                    me dices.
—Algo tiene que acabar.

VIOLENCIA DOMÉSTICA

Hay una lágrima de sangre en la cortina,
incienso que esquiva la madera,
en este lunes sin puertas abatibles.

Las ventanas tienen huellas de una nube
que juega a ser el sol por la mañana,
brillosa en los ladrillos siempre oscuros,
radiante como el paisaje de azoteas:
esa pintura de ropa húmeda sobre los lazos
y castillos del catálogo de grises.

Hay una triste mancha roja que secó,
una tela que ignora las virtudes,
cristales enfermos de quejidos
a punto de quebrarse por blasfemias.

Suena la campana, es la misa de las diez
y la calle se llena de impaciencia.
Un gato despierta los ladridos,
se oyen los micros oxidados,
la opresora prisa de la escuela.

Hay una mancha de muerte en los colores,
ganan los monocromáticos
y el indiferente ciudadano ejemplar
que no mira al cielo azul,
a la nube de tonos amarillos
o al tono violento
que esconden los hogares.

EXTRAÑOS MOVIMIENTOS

Extraño sería no extrañarnos,
hacerme devoto del espejo,
callar las canciones y los textos.
Delirio sería consumir los años aquí adentro,
beberme solo el fin del mundo,
no llamarle urgencia a la noche.
Peor sería moverme,
esperar a que pase lo que duele,
leer las noticias del domingo
y olvidar de alimentarme bien las venas.

SI TUVIERAS PIERNAS

Si tuvieras piernas
te irías corriendo de tu sitio
a ciudades más tranquilas,
te escaparías del presente,
morirías por saber
cómo te ves en otros cielos.

Si tuvieras saliva
escupirías persianas y oficinas,
mochilas con sobras de esqueletos,
cuerpos de intelectuales ricos
y anarquistas sin cabeza.

Te irías, lo sé,
te irías a buscar nuevos murales,
a que te tatúen nuevas fechas,
a naufragar en otro tiempo.

Si tuvieras voz
seguramente callarías,
serias silencio con muros y pasillos,
silencio institucional e irremediable
como una estatua de político
esquivada por las ratas.

Pero ni eso, no sirves para verte en el espejo,
para sentir que somos cómplices,
para atarme a tus columnas.
Si fuera tu amigo

te hablaría de ti, aunque me odies,
con la honestidad de los enfermos,
con lástima, con asco.

Si tuvieras piernas te irías corriendo
Si tuvieras piernas ya nunca volverías.

EL REGLAMENTO DOMÉSTICO

La casa tenía un estricto reglamento
que ataba a la mujer a la cocina
y al hombre a su despacho;
a la mujer a la azotea
y al hombre al televisor;
decía con letras abismales
que cuando él saliera
ella debía quedarse,
que si ella tenía mejor sueldo
a él le iría mejor en una casa solitaria
y que la sucia desnudez
era conveniente dejarla para el sexo.

"En esta casa no está permitida la lujuria:
Tenga coito solo para procrear".
Se leía en negritas junto a la oración.
"Esta casa está diseñada para niños,
por lo que no se permiten los abortos".

Ellos, que habían trabajado media vida
para dormir en sus paredes,
no tardaron en denunciar
que el reglamento no estaba hecho
para personas que vivían juntos por amor,
que tomaban una dosis de libertad en el café
y que, por si fuera poco,
le rezaban juntos al dios de la razón.

PARA CURAR AL MUNDO

Siempre me molestó
la noche que no se llamaba noche,
el cobarde impulso de los falsos
y la palabra de las bocas secas.
Yo quería más la humedad,
las mentiras más pasionales
y menos cuentos de por qué es mejor no hacerlo.
Sigo odiando la salud del corazón,
las piernas que no han corrido en contra del destino
y las uñas que no rasgan:
no hay peor corazón
que el que se conforma con la palabra deseo
en lugar de darle un beso rojo
a la pálida inestabilidad de nuestro tiempo.

NO TENÍA UÑAS

Me contaron que nunca aprendió a llorar,
que se escurría las mejillas con los antebrazos
como si no tuviera dedos.
Me contaron que no tenía uñas,
que había rasgado tierra
con la boca y con los ojos.

Me contaron que no escuchaba,
que estaba ciega.
Buscaba con la voz y con las manos,
empujaba sus piernas resignadas
con esperanza de su pecho.

Me contaron que murió buscando,
que la amaba,
que siempre quiso creer
y nunca la encontró.

ESTOS AÑOS

No le cuentes a nadie de nuestra resistencia.
No quiero que venga la prisa a clausurarnos,
a escupirnos en la cara,
a contagiarnos de terco pesimismo.

Mañana encontraremos un refugio,
un cuarto de ciudad atrincherado,
para convencer a nuestra sangre
que le hacemos guerra al tiempo.

No habrá muerte, nos diremos,
mientras venzamos el silencio,
mientras besemos la palidez,
mientras jodamos a la muerte
tirándola al olvido.

Mañana, en una habitación,
convenceremos a nuestros cuerpos
de que somos inmortales,
de que no hay padecimiento ni suspiro
que arranque de nosotros estos años.

ESTA FORMA DE MATARNOS

Entre tantas formas de morirnos
elegimos esta de matarnos.
Las noches no tendrán piedad
por habitarlas en exceso.
Los amargados nos odiarán
y juzgarán nuestro futuro.

La eternidad será pasajera,
lo sabe nuestra muerte,
seremos "Nosotros" poco tiempo,
pero siquiera lo seremos.
Que se pudran los cobardes,
los que nunca lo intentaron,
las veces que gana la distancia.

Nosotros, muertos por matarnos,
ya en la tumba, bajo tierra,
les contagiaremos la calma a los gusanos,
de saber que nos dijimos TE AMO
con el corazón en la boca.

FUNERALES

Yo no sé por qué carajo tragan
como si ellos fueran a morir.
Por qué los niños, con su vida y su energía
piden más vasos de café.

Yo no sé para qué tanto ritual,
para qué tantos cuerpos sanos
al lado de una caja.

Yo no sé para qué tanta flor herida,
tanto unicel en bolsitas de basura,
tanta ropa oscura y tanto canto.

Nadie piensa en los heridos de luto,
en los emperrados con la vida.
Nadie piensa en ellos, en sus caras pálidas,
en sus ojeras que van gritando adioses.

Para qué tragar como vivos,
qué necesidad...
Para qué pedir más café amargo
como la resignación,
caliente como el muerto
ya nunca lo estará.

AL NORTE O AL SUR

Si no me olvidas iremos al norte o al sur,
saldremos de la ciudad a conocer más carreteras.
Quiero verte en paisajes áridos
o frente a los bosques bajo fuego.

Si no me olvidas nos asustarán los retenes,
las detonaciones de madrugada,
las noches de ambulancias.
Seremos felices ignorando el noticiero,
la pantalla inteligente con sangre.

Si no me olvidas iremos al sur o al norte
a ver las playas turquesas,
la arena militarizada repleta de cuerpos tímidos.

Si no me olvidas, si no nos matan,
iremos al norte o al sur a conocer
la riqueza del país, la magia de los pueblos.

CENIZAS

Siempre que te sientas en la mesa comemos dolor.
Me tengo que conformar
con ver llegar el luto a gatas
para adueñarse de los huesos.

Nadie te saca, sorteas nombres,
te llevas uno por uno, a mí me dejas
para ver cómo infestas la casa de tristeza,
de personas que lloran, tragan y desaparecen.

Después nadie abre las cortinas,
nadie se acuesta a mi lado
o finge que me abraza.
Te vas. Todo sabe a cenizas:
las risas, las bocas, los recuerdos.

LÁGRIMAS

Qué dirías si vieras cómo me faltan las palabras,
si vieras cómo desespero
intentando poner nombre a todo lo que pasa.

Qué dirías si me vieras pálido
mirando a las calles quebrarse,
a las cosas, los muebles y los libros
pudrirse con tu ausencia.

Hoy solo salen lágrimas
y con lágrimas no se puede escribir el luto,
ni elegías ni adioses o registros
a misas de réquiem aburridas.

Con lágrimas, el papel se va como te fuiste:
Débil, asustada, buscando, como estoy ahora, las
palabras.

TODAVÍA

Todavía puedes regresar de las montañas
a decirme que me odias tanto como yo te amo,
a vernos en una estación de uniformados,
a buscar nuestros cuerpos de enero
frente a un póster de Buñuel.

Todavía pueden sangrar los corazones
por la oración que odian nuestras bocas,
por los besos que nunca hemos probado,
por tus labios cercados en mis ojos
que rechazan la distancia.

Todavía podemos jugarnos estos meses
con el riesgo de perder el nombre en el intento
con la duda que ignoran los latidos
con la carne herida, el mundo en abandono
y la ciudad estéril.

Todavía puedes llamarme cualquier noche,
para decirme que no importa el tiempo,
que hoy en tu mundo has descubierto
que estamos lo suficientemente vivos
para poder morir en el intento.

CAFÉ Y DOS BARRAS DE CANELA

Tarde oscura, ni arrebol ni viento
ni señoras vendiendo flores en la calle.
Coronas, muchos pésames.
Muebles tapados con cortinas,
sillas negras, pan de dulce:
Esta tarde sabe a café y dos barras de canela.

En mi habitación veo todo desde arriba,
el rezo, las lágrimas, una que otra sonrisa funeraria...
Han dejado vacía esta casa,
pero dudo que alguien saque las ropas del armario
o se lleve los perfumes,
los libritos que se han quedado huérfanos.

Tarde oscura, a lo lejos los ruidos de motores
parecen estar formados para no dejarme a solas.
Quiero oírme, no puedo,
las voces de las señoras orando el padre nuestro
confirman que el ruido es lo único
que se burla de la muerte.

EVIDENCIA

Este papel sufre conmigo cada silencio,
cada intento de retratarnos con palabras,
de retenernos en un nosotros
más joven, poético y liviano.

Pero no, nada es suficiente,
ni logro retener tu imagen,
ni logro describir tu voz
o aquellas noches de película.

De momento, este papel vacío,
solo, como yo en tu escritorio,
es la única evidencia de nuestro amor
y de tu muerte.

BAJO AVISO

Este es un poema
para decirte que ahora escribo de amor,
que he dejado las injusticias
para otro poemario y otro tiempo.
Quiero que sepas,
hoy la urgencia viene con tus ojos,
y las palabras son jeringas
que anestesian el deseo.
No me preguntes,
ya no veo las noticias,
le he confiado a otros poetas mi delirio,
ya no veo más sangre que la mía.
No me abandones
después de jugarme el pellejo
en una confesión y no en denuncias,
cuando te enteres por las lenguas
que ahora escribo de amor
y veas tu nombre.

NUNCA TAN SALVAJES

En aquel tiempo había caballos,
pero nunca tan salvajes.
La prisa de la ciudad nos reprimía,
la vida se exilió entre tus labios.
Nunca pude escribirle un buen poema a tu mirada
ni describir tu sonrisa con rimas
o escapar contigo de mis miedos.
Vinieron las canciones que permiten el olvido,
los fútiles pactos de madrugada,
los versos humo blanco de la Nube negra,
la falta de fe en el pecho,
el Ya no te espero, el Si te vas,
las noches tísicas,
los químicos que curan y envenenan,
la medicina de cuerpo, sal y alma.

El mundo terminó por clausurar nuestras palabras,
el olvido ganaba su batalla,
nunca podremos curarlo
ni lanzar al viento sus consignas.

Hoy de vez en cuando me acuerdo de los caballos,
vuelven a mí las ganas de usurpar nuestro pasado,
de desempatar nuestro destino,
jugarme la vida, relinchar hasta la muerte…
pero lo cierto es que nunca fuimos tan salvajes.

ESTAR CIEGO

Te he visto llegar a la estación
con tus párpados cansados
y tus manos con futuro.
He visto crecer tu pelo,
refugiar tus hombros del frío
esconder tus senos de las calles.
Te he visto cansada en el camión,
enojarte conmigo por necio,
caminar mientras trotas por mi mente.
Te he visto mojar tus labios en café,
contar dos veces la misma historia
con la pasión del asesino,
decirnos adiós, hasta luego, hasta nunca.
Te he visto y he perdido el tiempo
buscando entre tu nombre
dónde está el amor.

CENTRO MÉDICO

Si yo hubiera sido Ángel González,
habría agregado la estación Centro Médico
al Inventario de lugares propicios al amor.
Esas construcciones subterráneas
repletas de olor a frenos desgastados,
llenas de prisa y sudor,
se doman siempre con besos
de enamorados sedientos e impacientes.

Si yo hubiera sido Ángel González,
habría agregado tu nombre
al Inventario de lugares propicios al amor.
Tu nombre que vive en tus labios de tabaco,
consciente, libre y predecible.
Tu nombre, lugar de carácter y de espanto,
donde habito en eterna lucha contra el odio.

Si yo hubiera sido Ángel González
habría agregado aquella tarde
al Inventario de lugares propicios al amor.
Aunque también me contagiarían
de angustia los silbatos,
de saber que estaría siendo egoísta
con los lugares de la multitud que, ciertamente,
son más importantes que los nuestros.

POEMÍNIMOS I:
BILÉ EN EL ESPEJO

DECIR NADA

La función social de la boca
no se limita al diálogo,
me lo enseñaste sin decir una palabra.

APRENDIZAJE

Es de estudiante díscolo
alejarme de las aulas para buscar en tu cuerpo
algo más que un poco de conocimiento.

POLICÍA

La noche en que estrenamos tu estancia
clausuramos tu sofá.
Nunca me había sentido bien siendo tan facho.

MILITANCIA

Benditos sean tus pies:
abandonaron su vocación
para afiliarse al partido de mi lengua.

SEÑORA

Entre tu edad y mi edad caben muchos besos,
entre tu cuerpo y mi cuerpo
apenas aire.

RALLY A DAKAR

Tu espalda es un desierto con puntos imperfectos,
mi boca es un piloto
sin miedo ni vergüenza.

ATRACO FELIZ

Ponme tus manos donde quieras,
este es un atraco.

DISCURSO

Fuimos un discurso corpóreo,
no sé si sucio o cautivante.
Fuimos un discurso ruidoso,
no sé si tus vecinos lo entendieron.

GELMIANO

Que rico pi- ¡ahh! -mos.
Qué rara circunstancia.

SOLO SOY

No me hables de dinero en tu cama,
es el espacio más comunista que conozco
y yo solo soy un poeta.

HUERTISTA

Me dijiste con desolada y cristiana bondad:
Desnúdame, que yo te ayudaré.

CLUB DE CUENTO

Empezamos hablándonos de libros
y terminamos leyéndonos las pieles,
ahora soy, digamos, un gran literato.

19/11

No era un simulacro,
se deshacían nuestras piernas,
temblaban nuestros cuerpos.

POLARIDADES

Que el frío de la ciudad no encuentre
el calor de tu habitación
ni el sudor de nuestros cuerpos.

SABINERO

Hoy que todos andan con videos porno americanos,
para ver contigo me alquilo
una de Almodóvar.

DESCOLONIZACIÓN

Tu piel color marte obliga
a cualquier humano a querer colonizarte.
Lo bueno es que yo
siempre he sido un animal.

HUERTISTA II

Fértil: teórico de todo,
militante de tu cuerpo.

SABER PERDER

Okey, me rindo.
Tú ganas…
vamos a tu cama.

MALA EDUCACIÓN

¡No me gimas de usted!
¿Cuánto más te lo tengo que decir?

CUESTIÓN DE MIOPES

Me quitaste los lentes
y no quedó más remedio
que buscar placer con las manos.

POLÍTICA

En el conflicto, nuestros cuerpos eran neutrales.
Las lenguas tenían una guerra interminable.

MALA EDUCACIÓN II

¿Cómo que un café?
Primero invítame a tu cama.

CONFESIONES

Sigo pensando que tienes mucha miel
y a mí me sobra mucha lengua.

BILÉ Y ESPEJO

No hay que ser ingenuos
¿Cómo escribir con un bilé
dos cuerpos en el espejo?

SABINERO II

Ya sabéis, copas, risas, excesos
¿Cómo van a caber tantos besos
en un poemínimo?

GELMIANO II

No es para dormir
que hacemos una cama.

POEMÍNIMOS II:
DE CAIDAS Y MALAS DECISIONES

TORPEZAS

No sé cómo hacerlo,
no sé driblar las tardes grises,
no sé sacar nombres de mi boca.

INVISIBLES

Nunca fuimos noticia
ni tuvimos título notable.
Siempre fuimos cicatrices.

LA LUCHA

Ahí van las cicatrices,
aunque las repriman,
nunca caerán en el olvido.

ACUERDOS

Ayer habló mi herida:
cúrate o me curo,
vive que me muero.

TEQUILA

Con limón y sal
nunca ha funcionado.
Con alcohol
solo empeoran.

ANARQUÍA

Hay maneras:
Un beso rojo
en la carne,
un punto negro
en la herida.

PRECAUCIONES

Ya no hables,
ya no mires
que puedes causarte
una herida.

COSA SERIA

¿Cuándo sanará el mundo?
Se está infectando más la herida.

PRIVILEGIOS

Las cicatrices andan por la calle,
algunas odian los lunes,
otras, más o menos afortunadas,
inician con oportunismo la semana.

ESTRATEGIAS

Las cicatrices se enamoran
de otras cicatrices más profundas,
quedan en cafés, se hacen interesantes,
leen las puntadas y los diarios.

OBRERAS

Se odian a sí mismas,
lloran en el espejo,
unas pagan por morir,
otras mueren por nacer
y hacen marchas contra
cualquier brecha de memoria.

PERSPECTIVAS

Van, vienen cicatrices,
tienen clases y tamaños,
unas curan sin remedio
otras huyen de curarse.

POEMÍNIMOS III:
AMOR Y OTRAS PERVERSIONES

IGNORANCIAS

—Tú no sabes nada— dijo,
pero estaba equivocado.
Yo conocía el fuego de los labios de su novia.

DIPLOMACIA

Un alto al fuego es un incendio de manos,
la fiebre de mi cuerpo
cuando tu nombre pasa por mi boca.

VENTANAS

Nunca cierres las ventanas,
el descocido de tus pantalones
por donde mis manos entran a tus muslos.

MARZO

Dura poco el tiempo de las jacarandas:
Noches de lluvia, días de sol,
amor húmedo en el pasto.

DESTINO

Le he pedido al futuro
que regrese hasta que vengas con él.
No puede entrar sin ti, no es necesario.

APAGARME

Nunca nadie va a entender tu forma de apagarme,
esa manía que tienes de llamar a los bomberos,
cuando mi pecho se incendia para ti.

RANCHERO I

Voy a perder mis pulsos por sus venas,
a jugarme la boca por su nombre
para que no se abra más la herida,
para que no me duelan los posibles.

FETICHE

Por favor, Señor Muro,
tenga tantita piedad de mí:
traiga un gemido a mis oídos.

RANCHERO II

Sé de memoria cuánto duele
exiliar a una mujer de las entrañas.
Hoy me doctoro en dioses,
le reclamo a los espejos.

MIRADAS

Nuestros ojos son una guerra sin armas ni soldados,
una libreta de girasoles con tu nombre,
una hoja con poemas ilegibles

SIN MERECER

Deberían ser de otros las frases de película,
de otros más valientes,
de otros menos cuerdos.

JUNIO

Días de sol, tiempo de desnudos
cuando junio es torpe y va descalzo,
las lenguas se exilian en mi boca
y las letras abandonan su refugio.

ÍNDICE

POEMÍNIMOS I: BILÉ EN EL ESPEJO

POEMÍNIMOS II: DE CAIDAS Y MALAS DECISIONES